NOUVELLES OBSERVATIONS

SUR

LA LOI FURIA DE SPONSU

PAR

Ch. APPLETON

PROFESSEUR A LA FACULTÉ DE DROIT

DE L'UNIVERSITÉ DE LYON

Extrait des *MÉLANGES GÉRARDIN*

LIBRAIRIE

DE LA SOCIÉTÉ DU RECUEIL J.-B. SIREY & DU JOURNAL DU PALAIS

Ancienne Maison L. LAROSE et FORCEL

22, *rue Soufflot, PARIS,* 5e *arrdt*

L. LAROSE & L. TENIN, Directeurs

1907

NOUVELLES OBSERVATIONS

SUR

LA LOI FURIA DE SPONSU

Quelle hypothèse pratique visait la loi Furia de sponsu en donnant contre le créancier la *manus injectio pro judicato* à la caution qui avait payé plus que sa part virile de la dette (Gaius, IV, 22)?

N'était-ce pas le cas où le créancier avait dissimulé le nombre des cautions, comme nous l'avons soutenu [1]? Voilà un premier point.

En second lieu quelle était la date de la loi Furia de sponsu? Le milieu du viie siècle de Rome, opinion à laquelle nous nous sommes rallié, ou le vi^e comme le pensent d'autres auteurs?

On se propose d'examiner ici les objections opposées récemment [2] au système que nous avons suivi sur ces deux points et d'ajouter quelques observations nouvelles sur la loi Furia. C'est un bien petit sujet sans doute, et bien peu digne du maître éminent à qui il est dédié, mais le nombre de ses admirateurs, en réduisant la place de chacun d'eux, ne nous a pas permis d'en choisir un plus important.

---

[1] *Zeitschrift der Savignystiftung*, R. A., t. XXVI, p. 1 et s.

[2] Girard, *Une exception à la division de la loi Furia de sponsu* (*Mélanges Fadda*, tirage à part, p. 6, texte et notes 1 et 3); Girard, *Manuel*[4], p. 755, 756 et les notes ; p. 758, n. 2.

I

Examen des objections contre l'interprétation de la loi.

1. Première objection : la caution était déjà protégée par le droit commun de la répétition de l'indû. Réfutation. — **2.** Deuxième objection : le créancier conservait *ipso jure* son action pour le tout. Textes qui impliquent le contraire et rectification de l'opinion attribuée à Lenel. — **3.** Explication du fr. 12, D. (46, 6) invoqué en faveur de l'objection. — **4.** Autres objections.

1. — Contrairement au système par nous suivi, on a soutenu que la dissimulation par le créancier du nombre des cautions n'était pas le cas « normal », le cas « le plus ordinaire » d'application de la loi Furia : qu'elle avait visé l'hypothèse d'un *sponsor* qui, malgré l'existence connue d'autres cautions, aurait été « forcé par des poursuites » « judiciairement » « après un jugement » à payer plus que sa part. Le *sponsor* avait alors la *manus injectio pro judicato* pour répéter (probablement au double ou à un autre multiple) ce qu'il avait payé en trop « sans pouvoir se prévaloir de la perspective de cette action pour se dispenser de payer » [1].

A l'appui de cette doctrine, on a fait valoir comme principal argument [2] que « si la *manus injectio* n'avait pu servir qu'à ceux qui auraient payé par erreur, on n'aurait pas créé cette voie spéciale pour des gens déjà protégés par le droit commun de la répétition de l'indû [3] ».

(1) Voyez les passages cités à la note précédente, et notamment *Mélanges Fadda*, p. 6, n. 1 : « Le terme *exegisset* (Gaius, IV, 22) prouve qu'il faut un procès ». *Manuel*, p. 756, n. 1 : « La loi Furia de sponsu établit une *manus injectio pro judicato*... contre celui qui avait obtenu *judiciairement* de la caution plus que sa part ».

(2) « Enfin et surtout... » Girard, *Mél. F.*, p. 6, n. 3, n° 3 et *Manuel*, p. 756, n. 1.

(3) Girard, *Manuel*, p. 756, n. 1, *Mél. F.*, p. 6 et note 1.

L'objection se réfute par une double raison :

D'abord, en supposant pour un instant que le droit commun permît ici la répétition, la protection eût été bien insuffisante : soient deux *sponsores*, l'un insolvable, l'autre ignorant l'existence du premier. Le créancier a tout intérêt à demander l'intégralité de la dette au solvable, car si celui-ci reste dans son ignorance, le créancier aura été payé intégralement. Au pis aller, si la vérité se découvre, il devra rendre la moitié ; il ne risque donc rien à demander le tout, il peut y gagner, jamais y perdre. On voit que la menace d'une peine était nécessaire, même si le droit commun eût permis ici la répétition.

Mais précisément le droit commun n'aurait pas permis ici la répétition de l'indû.

Car, puisque la caution a été forcée de payer « par des poursuites », puisqu' « il faut un procès », puisqu'il est nécessaire que le créancier « ait obtenu judiciairement de la caution plus que sa part », c'est donc qu'il y a eu jugement[1] ou tout au moins *confessio in jure :* dans les deux cas : *manus injectio judicati*[2]. Or, on ne peut jamais répéter ce qui a été payé dans les cas « où le créancier agissait par la *manus injectio* sous les actions de la loi[3] ». — Donc, « forcé à payer par des poursuites », « après un jugement », le sponsor qui aurait ignoré l'existence d'autres cautions n'aurait eu, de droit commun, aucune répétition[4], d'où la nécessité de créer en sa faveur « une voie spéciale », la *manus injectio pro judicato*[5].

----

(1) Girard, *Manuel*⁴, p. 758, n. 2.

(2) XII Tables, Table III, §§ 1 et 2, Girard, *Textes*³, p. 13.

(3) Girard, *Manuel*⁴, p. 617.

(4) *Ex causa judicati solutum repeti non potest.* C. *De comp.* (4, 31) 2 ; D. *Mandati* (17, 1), 19, § 5, etc., etc.

(5) Le recours contre le créancier n'appartenait probablement pas au sponsor qui avait payé sans poursuites. Dans ce cas la question de savoir s'il pouvait encore invoquer le bénéfice de la loi Appuleia pour recourir contre ses collègues, présentait de l'intérêt. Elle était discutée : Gaius, III, § 122.

La principale objection contre l'interprétation exposée dans la ZSs. implique donc l'oubli momentané d'un principe incontesté, proclamé notamment dans l'excellent *Manuel* que nous venons de citer.

Pour être logique, l'opinion qui voit dans la loi Furia une *lex minus quam perfecta* [1] devrait soutenir qu'après l'expiration des deux ans le créancier conservait son action et pouvait contraindre le sponsor à payer, mais que la caution avait alors contre lui une action en répétition (*manus injectio*) « sans pouvoir se prévaloir de la perspective de cette action pour se dispenser de payer ». Il n'y a aucune trace de cette action en répétition, et c'est pourquoi on est bien forcé d'admettre ici une abolition de la dette au bout de deux ans par la force de la loi [2]. Et la loi, qui peut supprimer totalement la dette, n'aurait pas pu la diviser !

Si donc la loi Furia, pour assurer le bénéfice de division, a organisé une action spéciale en répétition, c'est parce que cela était nécessaire dans ce cas, les cautions pouvant ignorer leur nombre et se laisser condamner; alors le droit commun les laisse sans ressource, comme nous l'avons vu ; tandis que le danger n'est pas à craindre dans l'autre cas, les cautions ne pouvant ignorer que la prescription leur est acquise.

2. — D'ailleurs Gaius nous présente les deux dispositions — extinction *biennio* et division — comme étant également l'œuvre de la loi Furia [3] ; il ne signale aucune différence de

---

(1) Rappelons que ce système a été imaginé par le très savant et très ingénieux, mais aussi très aventureux Huschke. Voy. ZSs. R. A., XXVI, p. 10 et s.

(2) Senn, *Leges perfectae*, etc., p. 108, 109, n. 1, qui cite à l'appui l'enseignement de M. Girard, *38ᵉ Cours de Pandectes*. — Soit dit en passant, cela prouve que la loi date d'une époque où le législateur ne craignait pas d'aller droit au but, en supprimant le droit d'action du créancier.

(3) Le manuscrit : « *leg Furiam* ». On peut donc lire soit « *lege Furia* », soit : « (*per*) *legem Furiam* |» (édition de Seckel et Kuebler, 1903). Les mots : « *lege Furia* » ou « *per legem Furiam* » s'appliquent également à : « *biennio*

procédé. Si la loi avait été, quant à la division, une loi *minus quam perfecta*, Gaius aurait dû dire : « *compellitur creditor* (par la menace d'une peine) *a singulis partes petere* ». Ces expressions, il les emploie, mais justement pour faire antithèse à la division de la loi Furia ; c'est à propos du *fidéjusseur* qu'il nous dit que le créancier est forcé (par l'Edit du préteur)[1] de diviser son action [2].

Nous ne pouvons comprendre que M. Girard [3], alléguant l'incertitude des restitutions, n'admette pas que l'on tire argument de la manière dont il restitue *lui-même* le texte de Gaius, II, 121. D'ailleurs aucune restitution n'est nécessaire ; malgré trois fautes d'orthographe, le manuscrit, tel qu'il est, prouve clairement que les *sponsores* et *fidepromissores* d'Italie ne sont *de plein droit* tenus que pour leur part : « *in tot partes deducitur (diducetur) inter eos obligatio et singuli in viriles partes hocabentur (vocabuntur)... fidejussores vero... in solidum obligantur* ». Au § **121ª** Gaius ajoute que dans les provinces, où la loi Furia ne s'applique pas, les *sponsores* et *fidepromissores* « *in solidum obligantur* » comme des fidéjusseurs ; au § **122** il remarque qu'avant la loi Furia ces *sponsores* et *fidepromissores* « *in solidum obligabantur* ». L'antithèse nécessaire c'est qu'après la loi Furia, ils ne sont plus obligés que pour partie.

Enfin pourquoi, dans son traité sur l'Edit provincial, le même Gaius prend-il soin de nous prévenir qu'entre fidéjusseurs la division d'Hadrien n'a pas lieu *de plein droit* [4],

----

liberantur » et à : « *in tot partes diducetur inter eos obligatio, et singuli in viriles partes vocabuntur* ».

(1) *Ex edicto praetoris :* Paul, *Sent.*, I, 20.

(2) Par le refus d'action ou l'insertion de l'exception : « *si non et illi solvendo sint* », D. (46, 1) *de fidej.* 28. Voyez Girard, *Manuel*[4], p. 757, n. 2.

(3) *Mélanges Fadda*, p. 9, n. 1.

(4) Gaius, *lib.* 8 *ad Ed.*, D. *De fidejus.* 46, 1, fr. 26 : « Inter fidejussores *non ipso jure* dividitur obligatio ex epistula divi Hadriani... » tandis que des *sponsores* il dit : « diducetur inter eos obligatio ». Nous savons par une communication de M. le Prof. Lenel, qu'il trouve l'argument *a contrario* tiré des mots « *non ipso jure* » particulièrement « *sprechend* ».

sinon pour signaler une différence avec la division de la loi Furia?

Ulpien n'est pas moins net. Nous venons de voir que pour Gaius c'est *l'obligation* qui se divise entre les *sponsores*; Ulpien exprime la même idée sous une forme encore plus énergique : pour lui c'est la stipulation même qui se divise : *stipulationes dividuntur* (1).

Aussi Lenel enseigne-t-il nettement que la division de la loi Furia s'opérait *ipso jure* (2); le *sponsor* ne doit, *ipso jure*, que sa part; c'est par suite d'un malentendu qu'on a attribué une opinion différente à cet éminent romaniste (3).

3. — En présence de textes aussi clairs, voir dans les expressions de Gaius l'indication d'une division s'opérant *exceptionis ope* pour les *sponsores*, comme pour les fidéjus-

---

(1) D. *De V. O.*, 45, 1 fr. 72 pr. Le texte dit : « *stipulationes non dividuntur* » quand leur objet est indivisible ; donc *a contrario* : « *dividuntur* » dans le cas normal. Il s'agit ici de la division de la loi Furia (Lenel, *l'Edit*, trad. Peltier, I, p. 244 et *Pal.* II, p. 540). En effet aux §§ 1 et 2 du même texte on se préoccupe de fixer la « *diei cessio* », point de départ de la prescription biennale spéciale à la loi Furia. Voy. Girard, *Mél. F.*, p. 12.

(2) *Paling.* Papinien, n° 185, n. 4 : « *ipso jure in partem dumtaxat... obligatus* ».

(3) Nous nous sommes mépris, non sans quelque excuse, sur la pensée de Lenel, M. Girard (*Mél., F.* p. 8, n. 1), M. Senn (*Leges perfectae*, p. 843, n. 4, 87, n. 2) et moi (ZSs. XXVI, p. 15, n. 1). Je tiens de l'obligeance de M. le professeur Lenel lui-même les renseignements suivants : c'est par inadvertance qu'il a laissé subsister dans la traduction Peltier de l'*Edit* (t. I, p. 247, n. 1) une note prêtant à l'équivoque, en ce qu'il semblait en résulter qu'il admettait que la division de la loi Furia s'opérait *exceptionis ope*. Il n'avait pas entendu y trancher la question, mais dire seulement que, s'il y avait une exception, elle n'avait pas de nom spécial. C'est seulement dans la *Palingenesia* qu'il a pris parti et, comme on vient de le voir, il enseigne nettement que chaque *sponsor* n'est obligé *ipso jure* que pour sa part. Telle est encore aujourd'hui sa doctrine : nous sommes heureux de pouvoir invoquer une autorité si compétente en faveur de l'opinion que nous défendons.

Cette malheureuse note de l'*Edit* a eu de fâcheuses conséquences, car il est permis de croire que ni M. Girard ni M. Senn n'auraient admis que la loi Furia s'invoquait par voie d'exception, et tiré de là des conséquences forcément inexactes, s'ils n'avaient été entraînés par l'autorité de Lenel.

seurs, ne serait pas une opinion soutenable. — Nous comprenons mieux qu'on accuse Gaius [1] de ne pas s'être exprimé exactement.

C'est précisément ce que fait M. Girard à propos d'un texte de Papinien [2], reconnaissant ainsi la force de l'objection que le texte de Gaius [3] oppose au système de Huschke sur l'effet de la loi Furia :

« La caution qui tirait de la loi Furia, sous les Actions de la Loi, une action pour reprendre ce qu'elle avait payé, en a tiré sous la procédure formulaire une exception pour ne pas payer. ... Le texte de Papinien..... décrit ce système *avec une exactitude plus parfaite que Gaius* [4], en disant pour les cautions tenues envers une autre personne que le pupille, que, tout en étant tenues d'après le droit civil (puisque la loi Furia n'empêche pas le créancier d'avoir son action) elles peuvent demander que le créancier divise sa poursuite (au moyen de l'exception mise à la place de la *manus injectio* sous la procédure formulaire)..... *civiliter in solidum obligati, ceteris quidem agentibus, ut dividatur actio impetrare possunt* ».

M. Girard soutient donc, contrairement à l'avis de Lenel [5], que dans ce texte le mot *fidejussores* aurait été là comme ailleurs interpolé pour *sponsores*. Il pense le prouver en faisant remarquer que les cautions données par le tuteur au pupille pour garantir : « rem pupilli salvam fore », étaient normalement des *sponsores*, même au temps de Papinien, car un texte d'Ulpien les concernant fait une allusion manifeste à la prescription de la loi Furia en déterminant la *diei cessio* qui en est le point de départ [6].

---

(1) Il faudrait ajouter : et Ulpien (45, 1) 72 pr.

(2) D. (46, 6) *Rem pupilli salvam fore*, fr. 12; Papinien, *lib. 12 Quest.*, Girard, *Mél. F.*, p. 9. Voyez ce texte *infrà*, p. 10, n. 1.

(3) Ajoutons : et celui d'Ulpien.

(4) C'est nous qui soulignons.

(5) *Palingenesia* I, praef. p. 3, n. 4.

(6) Dig. 46, 6 *rem pupilli salvam*, 4, § 4. — M. Girard y ajoute d'autres considérations utiles quoique moins décisives.

M. Lenel cependant persiste à croire que Papinien avait écrit *sponsores*. La sponsio n'est possible qu'entre citoyens ; par conséquent le cautionnement d'un tuteur par des *fidejussores* ne devait pas être une rareté. Papinien a pu avoir en vue un cas de ce genre.

C'est possible. Si par exemple les seuls amis qu'un tuteur puisse trouver pour le cautionner sont pérégrins, il faudra bien avoir recours à la fidéjussion[1]. Un texte d'Ulpien déclare tenus les *héritiers* du fidéjusseur d'un tuteur [2]. Il s'agit donc d'un vrai fidéjusseur, non d'un sponsor transformé en fidéjusseur par une interpolation.

L'hypothèse de M. Lenel est donc *possible,* ce qui suffit pour enlever toute base solide à l'interprétation de M. Girard. Mais il n'est même pas nécessaire de supposer que Papinien se plaçât dans une hypothèse où des fidéjusseurs avaient été fournis. Même si Papinien a écrit *sponsores* dans D. (46, 6) **12**, le texte ne prouverait rien en faveur de la thèse de M. Girard : car pour tirer argument du texte en matière de division il faudrait être sûr que Papinien y parlait de sponsores *d'Italie*.

N'oublions pas en effet que ceux-là seuls jouissent du béné-

---

(1) M. Girard, *Mél.*, p. 12, n. 1, ne voit pas d'autorité compétente pour autoriser ce changement. Mais puisque les fidéjusseurs sont plus rigoureusement tenus, puisque le pupille y gagne, on ne voit pas pourquoi le magistrat municipal, chargé d'exiger et d'agréer la caution (Inst. I, 24, 4) ne se serait pas déclaré satisfait quand le tuteur offre plus qu'il ne doit. N'oublions pas que cette matière n'était pas réglée par l'Edit, mais par l'usage (Lenel, *Edit*, trad. II, p. 36), que l'Edit notamment ne déterminait pas les tuteurs devant fournir caution. La forme même de la promesse variait : C. 2, C. *De fid. tut.* 5, 57.

(2) Fr. 3, D. *De fid. et nom.* 27, 3 : « Etiam fidejussorem *et heredem fidejussoris* ad rationem eandem usurarum revocandos esse constat, ad quam et tutor revocatur ». — Pas d'interpolation, car si Ulpien avait écrit « sponsorem » les compilateurs se seraient bornés, comme toujours, à mettre « fidejussorem » à la place, sans ajouter « et heredem fidejussoris », ce qu'ils ne font jamais, parce que cela va de soi. Ulpien l'ajoutait précisément pour faire antithèse au sponsor. — Suivant Paul, *Sent.* V, 33, §§ 2 et 3, les cautions fournies par l'appelant peuvent être des sponsores ou des fidéjusseurs.

fice de la loi Furia. En province les sponsores, ceux donnés au pupille comme les autres, sont assimilés aux fidéjusseurs [1]. Tenus *in solidum* au point de vue du droit civil, comme les fidéjusseurs, ne peuvent-ils pas, comme eux, invoquer le rescrit d'Hadrien? Gaius l'admet sous une forme un peu dubitative [2]: la division s'opérera alors par des procédés prétoriens, comme pour les fidéjusseurs.

Est-il *possible* que dans notre texte Papinien ait parlé des sponsores de province? Par exemple, se demandant si les sponsores donnés au pupille jouissent du bénéfice de division, n'a-t-il pas fait, n'a-t-il pas même dû [3] faire une distinction:

Les sponsores d'Italie, jouissant de la division en vertu d'une loi, ne sauraient être privés de ce bénéfice par des simples considérations d'équité [4].

Tout autre est la situation des sponsores de province: le bénéfice extra-légal que Gaius leur concède, bien qu'ils ne soient pas visés par la lettre du rescrit et de l'Edit, repose uniquement sur les considérations d'équité qui ont inspiré Hadrien et le Préteur; dès lors on peut décider, comme le fait Papinien, qu'il doit disparaître, dans l'espèce, devant des

---

[1] Gaius III, 121.

[2] Nisi ex epistula divi Hadriani *hi quoque* adjuventur in parte (Gaius III, 121ᵃ.

[3] La distinction que fait Gaius III, 121ₐ au point de vue de la division, entre les sponsores d'Italie et de province, ne pouvait être absente des Questions de Papinien, ouvrage plus approfondi et près de dix fois plus étendu que celui de Gaius (37 livres au lieu de 4).

[4] C'est pour cela qu'on ne saurait dire, avec M. Girard (*Mél.*, p. 13), que l'exclusion de la division entre fidéjusseurs, dans le cas du pupille, ne peut se concevoir que comme leur étendant une exclusion déjà prononcée contre les sponsores. Le Préteur fait ce qu'il peut: pour les fidéjusseurs, — et *a fortiori* pour les sponsores de province non visés expressément par le rescrit — il peut refuser la division, parce que c'est lui qui l'accorde *cognita causa* (Girard, *Manuel* ⁴, p. 757, n. 2 *in fine*). Le Préteur ne peut rien contre le sponsor; le sponsor n'a rien à lui demander ; comme il ne doit *ipso jure* que sa part, le créancier, s'il l'actionne pour le tout, subira *plus petitio*.

considérations d'équité plus fortes, le créancier étant un pupille « *qui non ipse contraxit, sed in tutorem incidit et ignorat omnia* », comme dit le texte en question (D. 46, 6, 12).

Il est évidemment *possible* que Papinien ait raisonné de la sorte, et dans cette hypothèse les compilateurs devaient nécessairement retrancher le début du texte relatif aux sponsores d'Italie dont les privilèges ont disparu, et conserver la fin, concernant les sponsores de province, assimilés aux fidéjusseurs, fin qui convenait parfaitement pour leur époque, en changeant seulement le mot *sponsores* en *fidejussores* [1].

Or, notons-le bien, la simple *possibilité* que Papinien ait parlé des sponsores de province, enlève toute certitude à la base même de l'argumentation tendant à démontrer que le bénéfice de division de la loi Furia a été enlevé aux cautions d'un tuteur, puisque cette argumentation postule que les sponsores dont parle Papinien étaient des sponsores d'Italie. Même si ce postulat était vraisemblable, il serait imprudent de bâtir un système sur une simple vraisemblance. Mais le postulat est-il seulement vraisemblable? On n'a pas oublié

---

(1) Le texte devait être à peu près ainsi conçu :

(Sed cum lex Furia tantum in Italia locum habeat, evenit ut in ceteris provinciis sponsores quoque et fidepromissores proinde ac fidejussores... singuli in solidum obligentur, nisi ex epistula divi Hadriani hi quoque adjuventur in parte). *Inde in provinciis* si plures *sponsores* a tutore pupillo dati sunt, non esse eum distringendum, sed in unum dandam actionem ita, ut ei, qui conveniretur, actiones praestarentur. — Nec quisquam putaverit ab jure discessum, postquam pro ea parte placuit tutores condemnari, quam administraverunt, et ita demum in solidum, si res a ceteris non servetur et idonea culpa detegatur, quod suspectum facere supersederit : nam aequitas arbitri atque officium viri boni videtur eam formam juris desiderasse. Ceterum *sponsores*, civiliter in solidum obligati, ceteris quidem agentibus, ut dividatur actio impetrare possunt : pupillo vero agente, qui non ipse contraxit, sed in tutorem incidit et ignorat omnia, beneficium dividendae actionis injuriam habere visum est, ne ex una tutelae causa plures ac variae quaestiones apud diversos judices constituerentur. — Le début, que nous restituons, est littéralement Gaius III, 121a : au texte du Digeste nous ajoutons les mots en italique : *Inde in provinciis* et nous changeons *fidejussores* en *sponsores*, d'accord sur ce dernier point avec M. Girard.

que Lenel n'a pas voulu admettre l'interpolation de *sponsores* pour *fidejussores* dans notre texte [1]. — Comment peut-il s'y refuser, lui qui admet cette interpolation dans nombre d'autres textes; lui qui mieux que personne sait que les cautions des stipulations prétoriennes sont normalement des sponsores? [2] Il faut qu'il ait eu des raisons bien fortes!

Elles sont graves en effet, et faciles à deviner. ·

Autant les expressions de Papinien s'adaptent exactement à la situation des fidéjusseurs (et des sponsores de province qui leur sont assimilés), autant elles répugnent à celle des sponsores (d'Italie).

Les cautions de Papinien sont: « *civiliter in solidum obligati* »; les fidéjusseurs, dit Gaius III, 121: « *singuli in solidum obligantur* ». Les cautions de Papinien « *ut dividatur actio impetrare possunt* »; le fidéjusseur, dit Gaius: « *poterit... desiderare ut pro parte in se detur actio* ». — Il s'agit donc de demander au Préteur de donner (*dare*) l'action divisée. — De même chez Papinien il s'agit de savoir si l'action doit être donnée par le tout contre un seul « in unum *dandam* actionem ». Tout cela convient admirablement aux fidéjusseurs (et aux sponsores provinciaux), nullement aux sponsores italiens.

Des sponsores d'Italie Gaius dit au contraire qu'ils seront actionnés pour leur part: *in partes hocabentur* (*vocabuntur*). — D'une action à donner divisée par le Préteur, pas un mot. — En effet, ce n'est pas l'*action* que le magistrat va diviser, c'est l'*obligation* elle-même qui va se diviser: « *in partes deducitur (diducetur) inter eos obligatio* », comme dit Gaius [3]; c'est la stipulation même qui est divisée : *dividuntur stipulationes*, comme dit Ulpien [4]. Et ce serait de ces mêmes sponsores

---

(1) Lenel, *Palingenesia*, I, *Praefatio*, p. 3, n. 4.

(2) Lenel, *Pal.*, I. *praef.* p. 3, n° 1, qui cite Gaius IV, 89 et Paul, *Sent.* V, 9, § 2.

(3) Gaius, III, 121.

(4) Ulpien, *lib. 20 ad Edict.*, fr. 72, pr., D. *De verb., obl.* 45; I. Lenel, *Palin.*, Ulpien, 61. Voyez *suprà*, p. 6, n. 1.

d'Italie que Papinien nous dirait : « *civiliter in solidum obli-gati!* » — Si cela est vrai, il ne faut pas voiler cette contra-diction choquante par un ingénieux euphémisme et dire que Papinien nous décrit le système « avec une exactitude plus parfaite que Gaius », mais bien que Gaius [1] nous le décrit avec une parfaite inexactitude.

Voilà sans doute pourquoi M. Lenel a maintenu le mot *fide-jussores* dans le texte de Papinien, tandis que M. Girard veut y lire: *sponsores*. — Je croirais volontiers qu'ils ont raison tous les deux : Papinien parlait de sponsores ; mais, au point de vue du bénéfice de division, ces sponsores-là étaient de vrais fidéjusseurs, c'étaient des sponsores de province. Car d'une part ce sont des sponsores, puisqu'il s'agit d'une stipu-lation prétorienne [2], mais des sponsores provinciaux, puis-qu'ils sont tenus civiliter in solidum, comme des fidéjusseurs.

Cette interprétation si simple met tout le monde d'accord, anciens et modernes, Gaius et Papinien, Girard et Lenel.

Si l'on persiste à croire que Papinien a parlé des sponsores d'Italie, non seulement on le met en contradiction avec Gaius et Ulpien, mais encore on se heurte à une difficulté dont on ne peut sortir que par une conjecture aussi invraisemblable que gratuite.

On imagine que « de même que l'on avait enlevé aux cau-tions de la loi *Julia vicesimaria* le bénéfice de la loi Cornelia, on a pu enlever celui de la loi Furia aux cautions de la *satis-datio rem pupilli salvam fore* » [3]. — Mais, puisqu'il a fallu une loi dans le premier cas, il serait naturel d'en exiger aussi une dans le second. Or Papinien invoque des considérations d'équité, ce qui exclut l'hypothèse d'une disposition de loi positive. Supposons pour un instant, contrairement au sens manifeste des expressions de Gaius et d'Ulpien, que le béné-

---

(1) Et Ulpien, voy. ci-dessus, p. 7, notes 1 et 3.

(2) A moins d'admettre que, dans l'espèce, c'étaient des fidéjusseurs que le tuteur avait donnés, comme le pense Lenel ; voyez plus haut, p. 8.

(3) Girard, *Mel. Fadda*, p. 10.

fice de la loi Furia fût invoqué au moyen d'une exception, peut-on croire que le Préteur se fût permis de refuser aux sponsores d'un tuteur un bénéfice qui leur appartient *en vertu d'une loi en vigueur*? Et à supposer même que cela fût possible, serait-il vraisemblable que l'Edit qui, conformément à l'epistula Hadriani, loin de restreindre les privilèges des cautions, les favorise en étendant aux fidéjusseurs le bénéfice de division, fût venu enlever aux sponsores des tuteurs le privilège que leur assurait la loi Furia? Le droit impérial évolue dans un sens favorable aux cautions, et non pas restrictif de leurs bénéfices.

S'il s'agit au contraire de sponsores de province, invoquant la division d'Hadrien, on comprend aisément que ce bénéfice, organisé par le Préteur [1] et basé sur des considérations d'équité, ait pu être refusé par le magistrat, comme injuste dans l'espèce (*beneficium dividendae actionis injuriam habere visum est*), et que le Préteur ait donné l'action pour le tout contre l'un des sponsores, en lui assurant d'ailleurs le bénéfice de cession d'action (in unum *dandam* actionem ita, ut ei qui conveniretur, actiones praestarentur).

On a dit [2] : le texte ne mentionne pas l'exigence de la solvabilité des autres cautions. comme le font en général les textes relatifs à la division d'Hadrien; c'est là un indice montrant qu'il ne s'agit pas de cette division là.

La réponse est aisée : autant il est naturel qu'un texte *accordant* la division mentionne cette exigence, autant il serait surprenant de voir le laconique Papinien se livrer à un verbiage inutile en la mentionnant dans un texte qui *refuse* la division, et où par suite la question de solvabilité des autres cautions ne se pose pas.

Ce qui serait bien étonnant, s'il s'agissait de sponsores d'Italie, ce serait que Papinien, qui signale les inconvénients

(1) Paul, *Sent.* I, 20.
(2) Girard, *Mél. F.*, p. 10, n. 3.

de la division, omît le plus considérable, qui est qu'elle s'étend aux cautions insolvables.

Dans notre interprétation ce silence est tout naturel, puisque l'inconvénient en question n'existe pas pour les sponsores de province, assimilés à des fidéjusseurs. — Mais si l'on applique le texte aux sponsores d'Italie on est obligé de supposer, avec M. Girard (*Mél.*, p. 8, n. 4) que Papinien mentionnait en effet cet inconvénient, mais que les compilateurs ont supprimé ce passage.

N'est-il pas plus naturel de supposer qu'ils ont tout simplement biffé les mots : « in provinciis » ?

S'il en est ainsi, et cette hypothèse nous semble encore plus vraisemblable [1] que celle de Lenel, si ce sont des sponsores de provinces que Papinien a représentés comme « *civiliter in solidum obligati* », loin de contredire l'interprétation usuelle de la loi Furia, que nous avons suivie, ce texte la confirmera, car il montrera *a contrario* que les sponsores d'Italie ne sont obligés *civiliter* que pour partie. Dans tous les cas, la seule possibilité de l'une de ces deux hypothèses suffit pour empêcher de tirer du Fr. 12 aucune conclusion touchant la loi Furia. Or, elles sont possibles toutes deux.

4. — Parlerons-nous de quelques autres objections élevées contre l'idée que le cas pratique d'application de la *manus injectio* était celui où le créancier aurait forcé un sponsor à payer plus que sa part, en dissimulant le nombre des cautions ?

On a dit que, si elle était exacte, « la loi Furia aurait contenu, non pas comme dit Gaius III, **121** deux dispositions : celle sur la division et celle sur la libération *biennio*, mais trois : une sur la libération *biennio*, une sur la division entre les cau-

---

(1) Elle concorde mieux avec les considérations d'équité invoquées par Papinien. S'il s'agit de fidéjusseurs fournis en Italie par un tuteur qui n'a pu trouver de cautions romaines, le pupille peut-il équitablement leur contester le bénéfice de division entre solvables, qui n'est pour lui qu'une gêne, alors qu'avec des sponsores italiques, qu'il eût dû normalement recevoir, il eût, en plus, subi le péril de voir l'un d'eux devenir insolvable ?

tions informées à temps, et une autre sur la *manus injectio* des cautions informées trop tard » [1].

Mais au commentaire III, Gaius se place, comme le dit M. Girard lui-même « sur le terrain pratique du droit en vigueur de son temps » [2]. Or, la sanction édictée par la loi contre le créancier qui aurait dissimulé le nombre des cautions, n'était plus en vigueur, ni en la forme, ni peut-être au fond [3]. Il ne pouvait y parler de la *manus injectio*. Au contraire, au commentaire IV, 22, il se place « au point de vue historique » [4]. C'était le lieu de parler de la *manus injectio pro judicato* et de citer l'exemple de la loi Furia.

Enfin on objecte [5] qu'il n'est pas sûr qu'à l'époque de la loi Furia les sponsores pussent avoir contracté à des moments différents, et ainsi avoir pu ignorer leur nombre. — Mais quelle raison avons-nous de la reporter à ce temps, très ancien s'il a existé [6]? On dit [7] : « la loi Cicereia [8] se comprend

(1) Girard, *Mél. F.*, p. 6, n. 3; *Manuel*[4], p. 756, n. 1.

(2) Girard, *Mél. F.*, p. 9.

(3) En la forme, puisque la *manus injectio* est abolie ; au fond, parce que l'action en répétition est devenue inutile depuis que la loi Cicereia oblige à publier le nombre des cautions. On ne voit pas bien dès lors dans quels cas elle pourrait subsister. Poursuivre pour le tout une caution qui sait et peut prouver l'existence d'autres sponsores, et qui, à l'instant même où elle paiera, pourra se retourner contre son créancier pour lui faire rendre au moins le double, serait l'acte d'un fou ; nous ne discuterons pas cette hypothèse purement théorique. — Rien ne prouve que la loi Furia dont parle Gaius IV, § 109, soit la nôtre. Elle peut nous être aussi inconnue que la loi Ollinia citée au même paragraphe.

(4) Girard, *Mél. F.*, p. 9.

(5) Girard, *Mél. F.*, p. 6, n. 3, n° 1 ; *Manuel*[4], p. 757, n. 1.

(6) On n'en a aucune preuve, on croit seulement en découvrir une trace dans la doctrine sabinienne d'après laquelle l'adjonction d'un sponsor opérait novation. — Mais cela soulève de grandes difficultés. Voyez G. III, § 178.

(7) *Mél. F.*, p. 6, n. 3, n° 1, *in fine*.

(8) Elle oblige le créancier à proclamer (*praedicat*) avant de recevoir l'engagement de sponsores ou fidepromissores l'objet de la dette principale et le nombre des cautions. — A défaut de quoi la caution est libérée en faisant

particulièrement bien si elle constitue le premier remède à un mal qui n'existait pas encore au temps de la loi Furia, ou duquel tout au moins cette loi ne s'était pas encore préoccupée ».

Mais la loi Cicereia se comprend tout aussi bien, sinon mieux, si l'on admet que la loi Furia visait surtout le créancier qui, dissimulant le nombre des cautions, avait forcé « *judiciairement* » le sponsor à payer plus que sa part, puisqu'alors celui-ci se trouvait sans ressource, ainsi que nous l'avons vu [1]. La répétition de la loi Furia n'était pas toujours suffisante, parce que la caution peut ne jamais apprendre l'existence d'autres cautions. La loi Cicercia perfectionne le système, elle fait mieux que réparer le mal, elle le prévient en organisant la publicité du cautionnement.

Donc, faire remonter la loi Furia à l'époque, elle-même hypothétique, où les sponsores s'obligeaient toujours en même temps que le débiteur principal, est une hypothèse gratuite.

Cela nous mène à examiner les objections présentées contre la date, qu'après Maynz, Ortolan, Demangeat, etc., nous avons attribuée aux lois Appuleia et Furia : le milieu du VIIe siècle de Rome.

---

constater l'omission dans les *trente* jours. C'est par inadvertance que M. Girard, *Manuel* ⁴, p. 756, note 2, dit *vingt* jours et se figure que ce délai était imparti *au créancier* pour faire la déclaration susdite. Voyez Gaius, III, 123.

(1) Au contraire la caution avertie n'eût pas été sans ressources, même en supposant la loi Furia antérieure au régime formulaire, même en la supposant *imperfecta,* c'est-à-dire se bornant à défendre au créancier de réclamer le tout, sans édicter de sanction. — Car alors le magistrat eût refusé l'action de la loi. Dire qu'avant la loi Aebutia il eût été obligé, à peine de forfaiture, de coopérer à une action de la loi *même lorsqu'une loi défendait d'intenter cette action,* nous paraît insoutenable. Voyez ZSs., XXVI, R. A., p. 16, n. 5. Voyez cependant Girard, *Manuel* ⁴, p. 935.

II

Examen des objections contre la date du VIIe siècle pour la loi Furia.

1. Objection tirée de la date attribuée sans preuve à la loi Vallia. Réfutation. — **2.** Même en interprétant la loi Furia comme *minus quam perfecta*, on n'en devrait rien conclure contre la date du viie siècle. — **3.** Conclusion.

1. — Jadis, quand on s'imaginait que la loi Aebutia avait aboli les actions de la loi, et notamment la *manus injectio*, on se figurait que la loi Vallia, certainement postérieure à la loi Furia, était antérieure à loi Aebutia et les traités généraux sont très excusables d'avoir continué à enseigner cette antériorité que rien n'infirmait d'ailleurs. Maintenant qu'on sait bien que la *manus injectio* a survécu longtemps à la loi Aebutia, il a fallu chercher d'autres raisons:

« On ne concevrait point, dit M. Girard [1], que la loi Vallia eût été rendue, non pas à l'époque des Actions de la Loi, où la réforme qu'elle opérait ne pouvait être accomplie que par le législateur, mais à l'époque de la procédure formulaire où les réformes de son espèce pouvaient être plus simplement et plus efficacement réalisées par la seule action du Préteur ».

Nous avouons ne pas voir du tout comment au viie siècle, dans l'enfance du régime formulaire, le Préteur, qui a attendu jusqu'aux dernières années de ce siècle avant d'oser seulement introduire l'exception de dol, aurait pu avoir l'audace de violer ouvertement les lois nombreuses [2] organisant dans des cas multiples la *manus injectio pro judicato*, et de refuser le *duci jubere* au créancier agissant en vertu de ces lois contre un débiteur qui faisait opposition sans fournir le *vindex* exigé par ces mêmes lois, comme en cas de *manus*

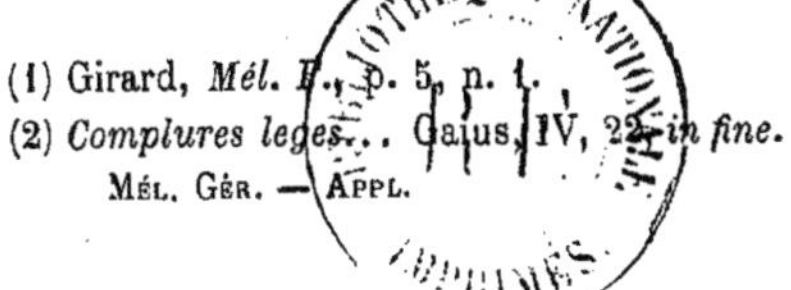

(1) Girard, *Mél. F.*, p. 5, n. 1.
(2) *Complures leges*... Gaius, IV, 22 *in fine*.

injectio judicati. Il semble tout au moins qu'il faudrait établir l'existence, dès le vii⁰ siècle, d'un pouvoir si extraordinaire au profit du Préteur, avant de faire de cette affirmation, qui nous paraît aussi dénuée de vraisemblance que de preuves, la base d'une objection que l'on croit décisive[1] contre la date de 655 pour la loi Furia[2].

Et ce pouvoir fût-il même établi, nous n'en serions pas plus avancés, car même alors on concevrait parfaitement qu'une réforme si grave ait été accomplie par voie législative.

2. — Quant au caractère de *lex minus quam perfecta* que l'on attribue à la loi Furia pour la reporter à une époque très ancienne, nous nous sommes suffisamment expliqué sur cette hypothèse démentie par Gaius et Ulpien.

Supposons pourtant que ces Prudents se soient exprimés d'une manière très inexacte en parlant de division non pas de l'action, mais de l'obligation, de la stipulation elle-même; supposons que la loi, sans diviser la dette, se fût bornée à forcer le créancier à diviser son action en le menaçant de la répétition d'un multiple.

Ce procédé est-il vraiment un mécanisme dont le caractère « gauche » et « encombrant » dénonce l'archaïsme et nous reporte nécessairement à l'époque où régnaient sans partage les Actions de la Loi[3]? Peut-on appeler « encombrant » et « gauche » un procédé qui atteint d'un seul coup un triple but : préventif, réparateur et répressif : préventif si le nombre des cautions est connu, puisque le créancier, à moins d'être fou, divisera son action ; réparateur, répressif et pré-

---

(1) « On ne concevrait pas »... *Mél. Fadda*, p. 5, n. 1.

(2) Au surplus, sur l'idée que la loi Vallia n'est pas nécessairement antérieure à la loi Æbutia, nous caressons l'espoir d'un accord avec notre savant contradicteur, car dans la 4ᵉ édition, postérieure aux *Mélanges Fadda*, de son *Manuel*, l'affirmation de cette antériorité, que l'on lisait, 3ᵉ édition, p. 751, n. 3, a disparu de la note correspondante, au siège de la matière, p. 755, n. 3, bien qu'on l'ait laissée subsister, peut-être par inadvertance, p. 983 et p. 993, n. 2, 4ᵉ édition.

(3) Girard, *Mél. Fadda*, p. 6, n. 3, *in fine*.

ventif à la fois s'il a dissimulé ce nombre? Dans ce cas en effet la répétition étant d'un multiple du trop-payé, le procédé n'est pas seulement réparateur, mais encore répressif et par conséquent aussi préventif, puisque le risque de voir se découvrir ultérieurement le nombre des cautions fera réfléchir le créancier, même lorsque le sponsor poursuivi ignore actuellement ce nombre. Tous ces résultats sont obtenus par une seule et même disposition; est-ce là un mécanisme « gauche et encombrant », œuvre d'une main novice, ou bien au contraire cette économie de moyens n'est-elle pas un procédé dont l'ingéniosité et la simplicité révèlent la science d'un législateur expérimenté?

3. — Le lecteur décidera si les objections proposées contre les conclusions de l'article publié dans la *Zeitschrift der Savignystiftung* sont ou non de nature à les infirmer. Notamment le texte de Papinien (D. 46, 6, 12) invoqué contre elles, ne semble-t-il pas plutôt de nature à les corroborer? Ces conclusions, que nous avons essayé de fortifier par quelques considérations nouvelles, se résument en peu de mots :

La loi Furia nous est présentée par les Prudents comme divisant de plein droit la dette entre les cautions. La répétition d'un multiple n'a pu avoir d'application pratique dans l'hypothèse chimérique d'un créancier réclamant plus que sa part à un *sponsor* bien informé, mais seulement en cas de dissimulation du nombre des cautions.

Quant à l'époque où furent votées les lois Appuleia et Furia *de sponsu*, des raisons sérieuses et multiples, tirées non seulement de leur nom, mais de leur connexité, de leurs tendances, et surtout des faveurs excessives, injustes, que la dernière accorde aux cautions *italiques,* en un mot de son double caractère démagogique et italophile, leur assignent pour date, avec une grande probabilité, le milieu du viie siècle de Rome. Les objections contre cette date manquent, à nos yeux, de fondement.

Ch. APPLETON,
Professeur à la Faculté de droit
de l'Université de Lyon.

IMPRIMERIE
CONTANT-LAGUERRE
LVX·IN·VITAM
BAR LE DUC